FACTVM DV PROCES,

De Meſſire Claude de Leuy Cheualier Sieur Baron de Vougy, demandeur.

Contre Meſſire Louis de S. Prieſt Cheualier Sieur Marquis dudit lieu, deffendeur.

 ES fins & concluſions du ſieur demandeur tendent à ce que la ſubſtitution appoſée tant au Teſtament qu'au Codicille de Meſſire Gabriel de Leuy des années 1533. & 1535. ſoit declarée ouuerte en ſa perſonne & à ſon profit, & qu'en conſequence il ſoit mainrenu & gardé en la poſſeſſion & ioüiſſance de la Baronnie de Couzan.

Ces fins & concluſions ſont d'autant plus iuſtes & legitimes qu'elles ont pour appuy la prerogatiue du ſang, les ſuffrages & les vœux de tous les predeceſſeurs du Sieur demandeur, l'authorité d'vn Arreſt & d'vne Sentence, & la faueur d'vn contract de mariage, d'vn Teſtament, & d'vn Codicille.

En l'an 1497. le mariage de Meſſire Gabriel de Leuy & de Dame Anne de Ioyeuſe fuſt contracté dans le Chaſteau de Moulins en la preſence de Môſieur le Duc de Bourbon & de Madame la Ducheſſe ſa femme, deſquels eſtoit niepce ladite Dame Anne de Ioyeuſe.

En faueur de ce mariage Meſſire Iean de Leuy Cheualier ſieur Baron de Couzan fit donation de cette terre & Baronnie audit Meſſire Gabriel de Leuy ſon fils aiſné.

Lequel en vertu de cette donation s'eſtant mis en poſſeſſion de cette terre & Baronie de Couzan en auroit iouy pleinement & paiſiblement iuſques à ſon decez.

Quelques années auparauant lequel il auroit fait le Teſtament & Codicille cy deſſus datez, par leſquels conſiderant qu'il n'auoit point d'enfans, auroit inſtitué ſon heritier vniuerſel Meſſire Claude de Leuy ſon nepueu, & luy auroit ſubſtitué ſon fils aiſné, & ſes

A

deſcendents maſles; & à leur deffaut auroit fait pluſieurs autres degrez de ſubſtitution, auec prohibition de quarte Trebellianique, & à la charge de porter ſon nom & ſes Armes.

En vertu de cette inſtitution d'heritier ledit Meſſire Claude de Leuy ſe feroit mis en poſſeſsion de tous les biens dudit Meſsire Gabriel de Leuy, qui conſiſtoient principalemēt en la Baronnie de Couzan, en celle de Fougerolle, & és terres & ſeigneuries de Curaiſe & de Chalin le Comtal.

Apres le decés dudit Meſſire Claude de Leuy, Meſſire Iacques de Leuy ſon fils vnique pere du ſieur demandeur, auroit ioüy des meſmes biens en vertu de la meſme diſpoſition.

De laquelle ſe preualant pareillement Meſſire Gaſpard de Leuy fils aiſné dudit Meſſire Iacques, auroit continué la ioüiſſance de partie des meſmes biens, iuſques à ſon decés arriué ſans enfans.

Au moyen dequoy le ſieur deffendeur ſoubs pretexte qu'Aymard de S. Prieſt ſon fils eſtoit iſſu de Marguerite de Leuy ſœur germaine dudit Gaſpard, ſe feroit pareillement emparé deſdits biens, Notamment de ladite Baronnie de Couzan, de laquelle il ioüit encores à preſent, comme heritier dudit Aymard de S. Prieſt ſon fils.

Comme cette ioüiſſance n'a eſté que pendent la pupillarité du ſieur demandeur, eſtant deuenu maieur & ayant prins cognoiſſance de ſes droiĉts, notamment de la ſubſtitution appoſee au teſtament & au Codicille dudit Meſſire Gabriel de Leuy, & par Arreſt contradiĉtoire en ayant obtenu l'ouuerture en ſa perſonne & à ſon profit, contre Dame Françoiſe Ducros Dame de la Broſſe, laquelle pourſuiuoit la vente & adiudication par decret deſdites terres & ſeigneuries de Curaiſe & de Chalin le Comtal, faute du payement des deniers dotaux de Louiſe de Leuy fille dudit Meſſire Claude.

En execution de cét Arreſt le ſieur demandeur a fait aſſigner en cette Cour le ſieur deffendeur aux fins de voir declarer commun ledit Arreſt auec luy; Et en tant que beſoin voir declarer ladite ſubſtitution ouuerte en ſa perſonne, & en conſequence voir dire qu'il ſera maintenu & gardé en la poſſeſſion & ioüiſſance de la terre & Baronnie de Couzan.

Enquoy le ſieur demandeur eſt d'autant mieux fondé que, cóme a eſté dit, ſes fins & concluſions ont pour appuy & pour fondement la prérogatiue du ſang, les vœux & les ſuffrages de tous ſes predeceſſeurs; la faueur d'vn Contraĉt de mariage, d'vn Teſtament & d'vn

Codicille : & l'authorité d'vn Arreſt & d'vne Sentence.

La prérogatiue du ſang aſſiſte d'autant plus puiſſamment le ſieur demandeur qu'il eſt à preſent ſeul enfant maſle portant le nom & les Armes de cette ancienne & illuſtre famille de Leuy Couzan, qu'il taſche de garentir du naufrage & de la ruine, & pour cét effet il combat contre le ſieur deffendeur purement eſtranger de cette famille, de laquelle neantmoins il veut poſſeder les biens, notamment la terre qui luy a donné l'eſtre, le nom, le luſtre & la conſeruation pendent tant de ſiecles, c'eſt à dire la Baronnie de Couzan.

Laquelle depuis plus de cinq cent ans n'a eſté poſſedée que par ceux de cette famille, qui tous vnanimement conſpirants à meſme fin, & viſans à meſme but, joignants leurs vœux & leurs ſuffrages pour la conſeruation & perpetuation de leur famille, luy ont deſtiné cette principale terre, qui ſi long temps luy a ſeruy de ſouſtien, & pour ce ſubjet par vn fideicommis graduel & perpetuel l'ont affectée aux ſeuls enfans maſles.

Leſquels en ſuitte de grand nombre de diſpoſitions ſucceſſiues & vniformes, ayant touſiours ſeuls poſſedé cette terre, & icelle ayant eſté donnée au fils aiſné de la famille en faueur de ſon mariage, & en côſideration d'vne alliance ſi honorable & ſi illuſtre: Et ce meſme fils aiſné ayant deſiré de conſeruer cette terre, comme auſſi ioindre & vnir ſes autres biens en ſa famille, & à cette fin ayant fait les ſubſtitutions graduelles & perpetuelles contenuës en ſon Teſtament, & en ſon Codicille, & y ayant appellé ſon nepueu & ſes deſcendents maſles, le ſieur demandeur reſtant ſeul à preſent de cette qualité, eſtant petit fils de Meſſire Claude de Leuy heritier inſtitué, partant ne doit pas eſtre priué du fruict de cette ſubſtitution, ne par conſequent exclus de la poſſeſſion de la Baronnie de Couzan.

Auſſi par Arreſt, & par Sentence renduë aux Requeſtes du Palais auec le ſieur deffendeur, cette ſubſtitution a eſté declarée ouuerte en la perſonne & au profit du ſieur demandeur.

Lequel n'eſtant que petit fils de Meſſire Claude de Leuy heritier inſtitué, l'on ne peut pas reuoquer en doûte qu'il ne ſoit dans les 4. degrez eſtablis par l'Ordonnance, Car Meſſire Claude de Leuy heritier inſtitué n'eſt point compté, Meſſire Iacques de Leuy ſon fils vnique compoſe le premier degré, Meſſire Gaſpard fils dudit Iacques eſtablit le 2. Meſſire Baltazar frere conſanguin dudit Gaſpard (s'il auoit iouy) compoſeroit le 3. & le ſieur demandeur le 4. & dernier ſuiuant l'Ordonnance.

Contre cette verité eſſentielle le ſieur deffendeur oppoſe que cette ſubſtitution n'eſt pas graduelle, ains qu'elle eſt finie & expirée en la perſonne de Meſſire Iacques de Leuy : mais c'eſt reuoquer en doûte la lumiere du ſoleil, puiſqu'à cette ſubſtitution ſont nommément appellez, non ſeulement le fils aiſné de l'heritier inſtitué, & tous ſes deſcendents maſles ; Mais auſſi les puiſnez maſles l'vn apres l'autre, & auſſi leurs deſcendents maſles, & qu'à leur deffaut pluſieurs autres perſonnes ſont pareillement appellées, auec prohibition de quarte trebellianique, & à la charge de porter le nom & les armes du Teſtateur, qui ſont autant de marques infallibles de ſubſtitution graduelle & perpetuelle, ainſi qu'ont remarqué tous les Docteurs M. C. Du Mc. 7. & 51. meſmes M. Cujas, quoy que le plus exact de tous en cette matiere, en ſa Conſ. 35. & 51. où il appelle cette opiniõ *Catholicũ Doctorum.*

Auſſi le ſieur deffendeur eſtant contraint de ceder à cette verité, dit en ſecond lieu, que la Baronnie de Couzan n'eſt point comprinſe en cette ſubſtitution, & que par les termes du Codicille elle eſt reſtrainte aux ſeules terres prouenuës de la maiſon de la Vieu, qui ſon Fougerolles, Curaiſe & Chalin le Comtal.

Il eſt vray que le Teſtateur par ſon Teſtament au deffaut de la ligne maſculine de ſon heritier inſtitué, ayant ſubſtitué Meſſire Chriſtophle de Leuy ſon frere, perſonne Eccleſiaſtique, & luy ayant donné la liberté de diſpoſer de ſes biens au profit de ſes Nepueux de Cailus, ou bien de ceux de Chalmazel, deſirant en ce poinct de reformer cette ſubſtitution, auroit à cette ſeule fin fait vn Codicille, & par iceluy au deffaut de la ligne maſculine de Meſſire Claude de Leuy ſon nepueu & heritier inſtitué, auroit ſubſtitué Meſſire Louis de Chalmazel ſon nepueu, & ſes deſcendents maſles à perpetuité, aux biens à luy prouenus de la maiſon de la Vieu, c'eſt à dire aux terres de Fougerolles, de Curaiſe & de Chalin de Comtal.

Mais cette reſtriction faite pour le ſeul regard de Meſſire Louis de Chalmazel & de ſes deſcendents maſles, qui n'eſtoiẽt que Nepueux maternels du Teſtateur, n'empeſche pas l'effect de la ſubſtitution generale & vniuerſelle faite au profit du fils aiſné de l'heritier inſtitué & de ſes deſcendens maſles, qui tenoient lieu de vrays enfans au Teſtateur, comme portans ſon nom & ſes armes : partant beaucoup plus aymez. Auſſi premiers appellez, & au regard deſquels le Codicille n'a rien du tout innoué *per Codicillos Testator non censetur recessisse à dispositis in Testamento: nisi in partibus nominatim reformatis,* pose pour maxime le docte Peregrin en son traicté incomparable, *de fidei-commissis articulo* 16.

Ce que le sieur deffendeur recognoissant pareillement veritable, il passe à vne troisiesme objection, & dit que Messire Gabriel de Leuy ne possedoit pas la Baronnie de Couzan librement & incommutablement, ains à la charge de substitution : partant qu'il n'a peu l'assuiettir à vne nouuelle, au preiudice de la precedente.

Pour l'establissement de laquelle le sieur deffendeur se sert du Testament mutuel de Messire Eustache de Leuy & de Dame Alix de Couzan sa femme de l'an 1459. contenant vne substitution graduelle & perpetuelle au profit de leurs enfans masles & de leurs descendans masles : que cette substitution ayant esté confirmée par Transaction & par Arrest, & la Baronnie de Couzan y estant nommément comprinse, il ne doit pas en estre depossedé.

A cette objection plusieurs responses pertinentes.

La premiere resulte de ce que par ce mesme Testament mutuel de Messire Eustache de Leuy & de Dame Alix de Couzan, le sieur demandeur leur petit fils est nommément & disertement appellé à la substitution y apposée, en telle sorte que cessant la restriction de l'Ordonnance de Moulins, il auroit tous les grands biens qu'ont possedé lesdits Messire Eustache de Leuy & Dame Alix de Couzan suiuant leurs Vœux & leurs suffrages.

Ausquels ceux de Messire Gabriel de Leuy leur petit fils se trouuant du tout conformes & par mesme genre de disposition, c'est à dire par substitution, l'effect n'en peut estre empesché par l'opposició & l'obstacle de la precedente, soubs pretexte de l'Ordonnance de Moulins.

Laquelle veritablement a reduit & restraint les substitutious precedétes à quatre degrez outre l'institution : Mais cette Ordonnance, comme contraire au droict commun, se doit entendre & doit s'expliquer fauorablement pour la conseruation des familles, en telle sorte que quand dans vne mesme maison se rencontrent plusieurs substitutions faites pour raison des mesmes biens, & en faueur des mesmes personnes, pour satisfaire au desir de l'Ordonnance, l'on doit s'arrester à la substitution qui la precede immediatement, & ne pas remóter plus haut, ne s'attacher aux plus anciennes dispositions,

D'autant que par ce moyen l'on conſerue les familles en leur entier, & l'on euite le circuit & l'inuolution des procés touſiours infaillibles en telles rencontres, à cauſe des diſtractions qui ſont ordinaires en telles matieres, chacun des heritiers greuez ayant le pouuoir & la liberté de diſtraire les legitimes & la quarte Trebellianique, & de ces diſtractions iointes aux biens qui d'ailleurs luy appartiennent pouuant compoſer vne nouuelle ſubſtitution, elle demeure confuſe & abſorbée en la derniere, c'eſt à dire en celle qui precede immediatement l'Ordonnance, & par ce moyen l'on retranche tout ſubjet & matiere de procés, l'Ordonnance ſortiſſant ſon effect, & les familles eſtant mieux conſeruées.

L'Arreſt qu'objecte le ſieur deffendeur ſemble n'auoir eü autre motif que cette propoſition, car pour empeſcher l'effect de la ſubſtitution appoſée au Teſtament mutuel de Meſſire Euſtache de Leuy & de Dame Alix de Couzan, Meſſire Baltazar de Leuy, pour tous moyens n'ayant oppoſé que des ſubſtitutions precedentes, faites par Meſſire Amedée & Guy de Leuy & autres leurs predeceſſeurs, la Cour n'a eu aucun egard à ces ſubſtitutiõs precedétes, ains s'eſt arreſtee à celle appoſee audit Teſtament mutuel, de laquelle ſeule il fuſt lors parlé, & non point d'aucune poſterieure, notamment de celle de l'ouuerure de laquelle il eſt queſtion : ce que la Cour obſeruera s'il luy plaiſt, non ſeulement pour confirmer la maxime cy deſſus poſee : mais auſſi pour faire voir que ceſt Arreſt ne peut nuire au ſieur demandeur, ſoit pour n'auoir eſté rendu auec luy, ains auec Meſſire Baltazar de Leuy ſon frere, duquel il n'eſt point heritier, ſoit pour n'auoir eſté rendu ſur les queſtions qui ſe preſentent à decider, ne ſur les conſteſtations, moyens & raiſons qui ſont à preſent déduites.

Outre cét Arreſt indiuidu en la cauſe, la Cour a iugé la meſme queſtion en la famille d'Eſtaing, en laquelle pluſieurs ſubſtitutions s'eſtant rencontrées pour raiſon des meſmes biens, & en faueur des deſcendents des meſmes perſonnes, La Cour par vn Arreſt celebre & notoire de l'an 1635. ſe feroit arreſté à la derniere ſubſtitution, à laquelle elle auroit tant deferé, que meſmes elle auroit priué les petites filles des Teſtateurs de leurs terres & ſeigneuries pour les conſeruer aux masles qu'elle auroit chargé de payer certaine ſomme notable aux filles pour leur tenir lieu de dot.

En cette cauſe tout le contraire ſe rencontre, puis que ſe'ſt vn eſtranger, lequel ſoubs pretexte d'vne ancienne ſubſtitution, veut

empefcher l'effect d'vne posterieure, & par là s'efforce de despoüi-
ler les propres enfans, quoy que ce soit les petits enfans de ceux qui
ont fait la subftitution qu'il oppose.

D'autant mal à propos en troifiefme lieu, que c'eft vne maxime
certaine qu'aucun n'eft receuable à oppofer vne fubftitution precedente pour empefcher l'effect d'vne pofterieure, s'il l'a executée, &
qu'il en ait profité: c'eft la difpofition formelle & precife du §. 4. de
cette loy fi celebre, *vnũ ex familia*, que Monfieur Cujas, authorifant
cette maxime, appelle par excellence, *Plenarerum quotidianarũ copia*.

Et la raifon de cette maxime eft toute palpable, car ce feroit vne
illufion manifefte à la Iuftice de fouffrir qu'aucun apres auoir ap-
prouué & executé vne fubftitution, euft le pouuoir & la liberté de la
deftruire & d'en empefcher l'effect, foubs pretexte d'vne precedẽte,
quod femel approbo, nufquam reprobo dit la regle.

Or Meffire Gafpard de Leuy duquel feul le fieur deffendeur emprunte tout fon droict, eftant heritier de Meffire Iacques de Leuy
fon pere & ledit Iacques eftant auffi fils & heritier de Meffire
Claude heritier inftitué par Meffire Gabriel de Leuy, & par le
moyen de cette inftitution & fubftitution y appofée les vns & les
autres ayant tellement profité & amandé qu'à ce feul tiltre ils ont re-
cueilly & poffedé les terres & feigneuries de Couzan, Fougerolles,
Curaife, Chalin le Comtal, Merly, Magny, & autres, auec quan-
tité de meubles precieux & de valeur immenfe: Il s'enfuit qu'à prefent il faut neceffairement s'arrefter à cette fubftitution, & que pour
en empefcher l'effect le fieur deffendeur n'eft pas receuable d'en oppofer vne precedente.

Laquelle n'eft point du tout confiderable par vn quatriefme
moyen, lequel refulte du contract de mariage defdits Meffire Euftache de Leuy & de Dame Alix de Couzan, par lequel il eft nommement porté, qu'à leur fils aifné appartiendroit par preciput la Baronnie de Couzan & autres terres.

Or Meffire Iean de Leuy ayant efté le fils aifné iffu de ce mariage,
& par ce moyen la Baronnie de Couzan luy ayant appartenu librement & incommutablement: Il s'enfuit que fon pere & que fa mere
par leur Teftament mutuel n'ont peu le greuer & charger de fubftitution en cette terre & Baronnie, d'autant que c'eft vne maxime
certaine que les biens donnez par contract à l'heritier ne font iamais
comprins au fideicommis, quoy qu'vniuerfel, dõt il fe treuue chargé

par Testament, *extra causam bonorum ea computari debere respondi* [...] *conueneri : quippe quia ea esset habiturus , etiam* [...] Respond elegamment le Iurisconsulte Scæuola n la loy 68. *de leg.* 2. sur laquelle Monsieur Cujas fait vne excellente obseruation, Sçauoir que la donation mentionnee en cette loy n'estoit pas entre-vifs & irreuocable, ains seulement confirmee par la mort du donateur. comme estant faite à la femme par son mary : & de là cét incomparable Docteur prend subiet de conclure que quand la donation est irreuocable, la question ne reçoit aucune difficulté; c'est ce qu'il resoult en sa Côsultation 20. & son opinion est suiuie de tous les Docteurs rapportez par Gu. p. qu. 303. & 613. M. Maynard rapporte les Arrests qui l'ont ainsi iugé au Parlement de Thoulouse, & M. R. Chopin *l.* 3. *de Vt Rer. and. dom. t.* 4. en rapporte vn de cette Cour du dernier Aoust 1602. il y en a vn bien plus recent, il est du 22. Feurier 1635. rendu au profit de Dame Anne de Giues vefue du sieur Baron de la Roderie, contre Messire Alin du Faure sieur Baron de Beauuais : cet Arrest est d'autant plus remarquable que lo Testamét du pere dudit sieur de la Roderie, contenoit vne expresse substitution des biens donnez par Contract de mariage; & neantmoins la Cour ne voulut auoir aucun esgard à cette substitution.

Contre cette verité constante en faict & en droict le sieur deffendeur fait vne seule objection, sçauoir est, que par la Transaction de l'an 1469. passee entre Iean & Guy de Leuy freres, où est faite expresse mention des dons & auantages qu'auoit ledit Iean à cause de son droict d'aisnesse, Il est nommément porté, que les substitutions appolées au Testament de leur pere & de leur mere subsisteront & auront leur effect selon que les cas arriueront : Partant qu'esdites substitutions est comprinse la Baronnie de Couzan, nonobstant qu'elle appartint audit Iean comme fils aisné, en vertu des conuentions apposées au contract du mariage de son pere & de sa mere.

Il est vray que par cette Transaction il est porté sur la fin, *& pariter subfstitutiones prout euenire contigerit, tenere & valere.*

Mais à cela plusieurs responces.

La premiere, que ces termes indefinis ne comprennent point la Baronnie du Couzan, attendu qu'elle appartenoit à Iean de Leuy en consequence de la donation à luy faite comme au fils aisné par le contract de mariage de ses pere & mere; lesquels mesmes n'auroient pas peule greuer de substitution, quant bien ils l'auroient voulu, ainsi que iustifient les loix, les authoritez & les Arrests cy-deſſus cottez.

En ſecond lieu, les ſubſtitutions reſeruées par cette Tranſaction ſe rapportent & s'applicquent aux autres biens deſquels le pere & la mere de ces deux freres tranſigeants auoient peu librement diſpoſer, comme eſtant grandement riches & poſſedants pluſieurs terres & ſeigneuries, *cum plures habeant Baronias, villas, oppida, territoria, Iuriſdictiones, dominia. cenſus, reditus, decimas, feuda, iura & prærogatiuas in diuerſis regionibus,* ainſi que porte en termes expres leurTeſtament, lequel iuſtifie qu'ils eſtoient Seigneurs de Couzan, de Villeneufue, de la Pierre, de Boën, de Chalin d'Iſoure, de Neruieu, du Pleſſis, de Lugny, & autres terres,

D'où s'enſuit que les ſubſtitutiós reſeruees par cette Tranſaction ne manquoient pas de matiere & d'application ſur pluſieurs terres & ſeigneuries autres que la Baronnie de Couzan, laquelle par conſequent n'y doit point eſtre compriſe ny enuelopée.

Finalement la reſerue des ſubſtitutions inſeree dans cette Tranſaction a eſté faite principalement en faueur & à l'aduantage de Iean de Leuy ſur les terres delaiſſées à Guy de Leuy ſon frere, lequel ne les poſſedant qu'en vertu du ſeul Teſtament de ſes pere & mere: par conſequent auoit peu valablement eſtre chargé de ſubſtitution.

Et neantmoins les enfans maſles dudit Guy de Leuy eſtant decedez ſans enfans maſles, & par ce moyen Meſſire Claude de Leuy ayeul du ſieur demandeur, ayant pretendu que la ſubſtitution eſtoit ouuerte en ſa perſonne, il en auroit eſté debouté par Arreſt de cette Cour rendu en l'an 1601. au rapport de Monſieur Iourdin: la Cour par cét Arreſt ayant iugé que cette Tranſaction faite entre ces deux freres auoit deſrogé au Teſtament de leurs pere & mere, & auoit couuert & eſteint les ſubſtitutions y appoſées.

Auſquelles quant bien l'on donneroit l'effect tout entier que pretend le ſieur deffendeur, cela n'empeſcheroit pas neantmoins la pertinence & la ciuilité des fins & concluſions du ſieur demandeur par vne cinquieſme & derniere raiſon.

Laquelle ſe tire du meſme Teſtament de Meſſire Euſtache de Leuy & de Dame Alix de Couzan, par lequel il appert qu'ils ont eü vnze enfans qui tous leur ont ſurueſcu, & auſquels par conſequent la moitié de tous & chacun leurs biens generalement, a appartenu librement & incommutablement ſans qu'ils ayent peu eſtre comprins ne aſſubjettis à aucune ſorte de ſubſtitution, *cæterum ſi pater fidei filii com-*

mittitat vt constitutdm Partem quandoque restituat, non oportet admitti fideicommissum, quippe quod debitam hanc partem, non patris iudicio, sed principali prouidentia & legis beneficio, peruenerit ad filium, dit elegammēt la loy, laquelle par sa seule authorité retranche cette portion destinée pour les enfans, qui en sont saisis de plein droict, en telle sorte qu'ils ne sont point necessitez d'intenter aucune action, ains peuuent d'abord demander partage; voire former complainte, ainsi que remarque Benedicti sur le chap. *Raynutius in V. Si absque liberis n.* 147. & M. Ch. Du M. sur l'art. 3. des testam. de la Coust, de Berry.

D'où resulte que Messire Iean de Leuy estant demeuré chargé de l'acquict & payemenr de toutes les debtes de ses pere & mere, & en outre de la legitime de ses freres & sœurs, & par ce moyen estant demeuré subrogé en leur lieu & place; a esté fait proprietaire incommutable de la moitié de tous & chacun les biens delaissez par ses pere & mere dés l'instant de leur decez.

Or la Baronnie de Couzan n'approchant pas de la valeur de la moitié desdits biens : Il s'ensuit que ledit Messire Iean de Leuy a peu valablement disposer de ladite Baronnie.

Notamment si l'on considere qu'il ne l'a point mise hors de sa famille, ains qu'il l'y a plus estroitement attachee, en ayant fait donation à son fils aisné en faueur de son mariage, & pour luy procurer l'alliance de l'vne des plus illustres familles de tout le Royaume.

Et de cette obseruation se tire vn autre moyen qui resulte de la disposition du droict, par lequel il est certain que pour marier & doter les filles, voire mesmes pout la restitution de la dot, comme aussi pour le doüaire, les biens subiets à substitution peuuent estre donnez & alienez, c'est la disposition precise de l'auth. *res quæ com. de leg. & fid.* confirmée par vne infinité d'Arrests *nec enim videtur in euersionem fideicommissi factum, quod & mulieris pudicitiâ, & patris voto congruebat* adiouste excellemment la loy : à laquelle se treuue conforme le Testament dudit Messire Eustache de Leuy & de Dame Alix de Couzan, par lequel il est nommement porté, que les masles au profit desquels sera ouuerte la substitution, serôt tenus de doter les filles selon leur estat & condition, & suiuant les facultez & la valeur des biens delaissez par le Testament.

Donc à bien plus forte raison l'on peut dire que la donation faite par Messire Iean de Leuy à Messire Gabriel de Leuy son fils aisné, est bonne & valable, & qu'elle n'a point esté faite en fraude du fidei-

commis, *nec enim poteſt dici in euerſionem fideicommiſſi factum , quod &*
aui & auiæ voto congruebat, ſplendori familiæ ſeruiebat , & ipſiuſmet fi-
deicommiſſi inerat conditioni.

A ces moyens pertinents & deciſifs, le ſieur deffendeur fait deux
reſponſes.

L'vne, que le ſieur demandeur ne rapporte pas les quittances des
legitimes payées par Meſſire Iean de Leuy à ſes freres & ſœurs.

A quoy la replicque eſt fort facile; ſçauoir eſt , que la preſomption
de la loy eſt, que ces legitimes ont eſté payees & acquittees , notamment ſi l'on conſidere qu'il y auoit ſix filles qui ont eſté mariées.

D'ailleurs c'eſt vne maxime certaine que l'on n'oblige iamais l'heritier inſtitué de rapporter les quittances de l'acquict & payement
des legitimes de ſes freres, leſquels ou bien ont demandé leur portion contingente, ou bien l'ont remiſe en faueur de leur frere aiſné, le
quel en l'vn & en l'autre cas repreſente tous ſes freres : Et conſequé-
ment diſtrait du fideicommis le tiers ou la moitié du bien , ſelon le
nombre des enfans; ainſi qu'aſſeure Guy P. qu. 303. & qu'il a eſté iugé
par pluſieurs Arreſts, notamment par vn Arreſt du 2. Auril 1597.
rapporté par le docte Ferrier ſur lad. qu.303. où ce ſçauāt perſonnage
pour mieux confirmer la maxime, adiouſte *& ita iudicatur in hoc Par-*
lamento Toloſano, & ita iudicatum fuit diſertis verbis vt nullus in poſte-
ram dubitandi daretur locus, illius arreſti verba ſunt hæc, La Cour a decla-
ré appartenir à l'heritier greué , les legitimes à luy acquiſes par les
quittances de ſes freres, ou bien par le laps du temps: M. A. Deſpeiſ-
ſes rapporte le meſme Arreſt, Les raiſons & les authoritez en la ſe-
ction 6. des droicts du fideicommiſſaire , & le docte Per. pour eſta-
blir cette maxime, a fait vn article tout entier, c'eſt le 36. où il preuue
que les legitimes n'entrent iamais dans le fideicomuis:dont le fideicommiſſaire n'a point de ſubiet de ſe plaindre puis que l'heritier ne
retient & ne perçoit pas cette portion de biens par le bienfaict du
Teſtateur, ains par la grace & preuoyance ſeule de la loy, laquelle
oblige les Peres de s'acquitter de cette debte naturelle,*in tam neceſſa-*
riis ſibi coniunctifque perſonis ſub liberalitatis appellatione , naturale debitū
perſoluitur.

L'autre objection que faict le ſieur deffendeur eſt , que quant bien
cette diſtraction pour les legitimes des vnze enfans de Meſſire Euſtache de Leuy & de Dame Alix de Couzan deuroit eſtre faite ſur
leurs biens, la Baronnie de Couzan ne deuroit pas eſtre prinſe ne
employée à cette diſtraction: ains que cette Baronnie comme la

principale terre doit demeurer aux enfans substituez , & non pas
estre employee & consommee en distractions pour l'acquit des legitimes des enfans.

Quand les Docteurs ont traicté cette question , il est vray qu'ils
ont resolu que les Duchez & Comtez, les Marquisats & autres terres
de sureminente qualité, ne doiuent point estre partagées & lotisées,
ains qu'elles doiuent demeurer toutes entieres aux aisnez , & qu'aux
puisnez les biens moins precieux doiuent estre delaissez : & en ont
rendu la raison, *scilicet vt familiarum dignitas melius conseruetur, Nomen
& splendor generis amplius perpetuetur.*

Par cette mesme raison le sieur demandeur soustient que la Baronnie de Couzan doit luy estre adiugee , puis qu'il reste le seul enfant
portant le nom & les armes de la maison de Leuy Couzan : partant
seul qui en puisse côseruer le lustre, ou plustost en empescher la ruine
& l'extinction, à laquelle vise le sieur defendeur, estranger & qui n'a
point d'enfans.

Ces mesmes Docteurs adioustent , que quand la principale terre
d'vne famille a esté venduë ou autrement alienée par l'heritier greué
de substitution, si cette alienation n'a point esté faite en fraude du
fideicommis & à dessein de l'aneantir, lors elle doit subsister & estre
imputée aux detractions, c'est la decision de la loy *Marcellus ſ. res
quæ, ad Trebell.* sur laquelle les Docteurs ont appuyé leur opinion,
rapportée par Guy P. qu, 605. 606. & 607. & par M. Maynard l. 6.
c. 74. & 75.

Or l'on ne peut pas dire que la donation de la Baronnie de Couzan ait esté faite à dessein d'eluder le fideicommis , puisqu'elle a esté
faite en faueur du mariage du fils aisné de la maison, & pour procurer
à la famille l'alliance la plus releuee & la plus illustre qu'elle ait iamais eü.

D'ailleurs la Baronnie de Couzan n'est pas de qualité plus releuee
que les autres terres, qui toutes ont iustice haute, moyenne & basse,
mesmes aucunes le tiltre de Baronnie , ainsi que porte disertement le
Testament mutuel, les termes duquel ont esté cy dessus remarquez.

Le sieur deffendeur adiouste que la Baronnie de Couzan excede
la valeur de la moitié des biens delaissez par Messire Eustache de Leuy & par Dame Alix de Couzan sa femme: Mais cette allegation se
destruit par la seule lecture du Testament, dans lequel est exprimé le
nombre des grandes terres que possedoient ces Testateurs ; cette

allegation se deſtruit auſſi par les propres pieces du ſieur defendeur qui en a produit pluſieurs pour iuſtifier que la Baronnie de Couzan ne vaut que 2200. l. de reuenu, & que depuis plus de 30. ans, elle n'a eſté baillée à ferme à plus haut prix : cette allegation ſe deſtruit encores par le propre faict du ſieur deffendeur qui a vendu pour neuf vingts mil liures de terres, faiſant partie de celles qu'il a eu de la maiſon de Couzan, enſuitte d'vne Tranſaction de l'an 1619.

Sur laquelle & ſur l'Arreſt qui la confirmé, le ſieur deffendeur eſtablit ſon principal fort, qui eſt fort facile à deſtruire, car

En premier lieu, cette Tranſaction n'eſt paſſee que par vne mere, en la ſeule qualité de tutrice de ſes enfans : par conſequent ne peut leur nuire ne preiudicier, *ſiquidem tutoribus, pupillorum bona rité & rectè adminiſtrare conceſſum eſt, non verò donare, Perdere, nec etiam donandi vel perdendi cauſa tranſigere*, dit la loy, ſuiuant la deciſion de laquelle le ſieur demandeur en tant que de beſoin a obtenu lettres contre cette Tranſaction.

Laquelle en ſecond lieu n'eſt paſſee par la mere qu'en qualité de tutrice de ſes enfans, heritiers de leur pere : Or le ſieur demandeur a eſté reduit à cette extremité d'eſtre contraint de repudier & renoncer à la ſucceſſion du ſieur de Couzan ſon pere : partát cette Tranſaction ne peut point du tout luy preiudicier.

Et d'autant moins en troiſieſme lieu, que par cette Tranſaction les ſubſtitutions appoſees tant au Teſtament de Meſſire Euſtache de Leuy & de Dame Alix de Couzan ſa femme, que de Meſſire Iean de Leuy leur fils aiſné, ſont recognuës ouuertes en la perſonne de Meſſire Gaſpard de Leuy frere aiſné du ſieur demandeur.

Or Meſſire Gaſpard de Leuy ne compoſant que le 3. degré de cette ſubſtitution contenuë au Teſtament de Meſſire Iean de Leuy : il s'enſuit que les biens n'ont point appartenu irreuocablement audict Meſſire Gaſpard, & non plus au ſieur deffendeur, qui en emprunte tout ſon droict, comme eſtant ſon heritier mediat.

D'ailleurs puis que comme a recogneu Meſſire Gaſpard de Leuy, Meſſire Iean ſon triſayeul a eu le pouuoir & la liberté de faire vne ſubſtitution teſtamentaire, à bien plus forte raiſon à-il peu faire vne donation en faueur du mariage de ſon fils aiſné.

Quant à l'Arreſt par lequel la Cour a confirmé cette Tranſaction ſuffit de dire qu'il n'à point eſté rendu auec le ſieur demandeur, ains auec Meſſire Baltazard de Leuy ſon frere, lors encores mineur,

lequel propofoit des moyens non feulement diffemblables & diffe-
rents, mais directement contraires à ceux que defduit le fieur demã-
deur, d'autant que ledit Meffire Baltazard de Leuy s'efforçoit de
deftruire les fubftitutions appofées au Teftament defdits Meffire
Euftache de Leuy & Dame Alix de Couzan, par des fubftitutions
precedentes aufquelles la Cour ne voulut point auoir d'efgard.

Outre que ledit Meffire Baltazar de Leuy n'agiffoit qu'en la feule
qualité d'heritier du fieur de Couzan fon pere, en la perfonne duquel il fouftenoit toutes les fubftitutions finies : où au contraire le
fieur demandeur a repudié l'heredité du fieur de Couzan fon pere,
& demande l'ouuerture d'vne fubftitution, de laquelle il n'a point
efté du tout parlé lors de cet Arreft.

Par lequel finalement l'on ne peut pas dire que les detractions ayẽt
efté couuertes, d'autant que les fubftitutions ne font iamais decla-
rées ouuertes qu'à cette condition effentielle ; tefmoin l'Arreft celebre rendu au profit de Meffire Henry de Chabanes fieur Marquis
de Curton le 9. Iuliet 1635.

Ainfi cet Arreft obiecté par le fieur deffendeur ne peut nuire ny
preiudicier au fieur demandeur.

Lequel pour fe garantir de la ruïne & du naufrage combat contre
vn eftranger qui a profité & amandé de plus de trois cents mil liures
de la maifon de Couzan : où tout au contraire le fieur demandeur à
prefent fils vnique de cette ancienne & illuftre famille, ceffant fes
iuftes pretentions fur la Baronnie de Couzan, ne peut pas efperer la
valeur d'vn feul denier de tous les grands biens qu'ont poffedé fon
pere, fon ayeul, fon bifayeul & autres predeceffeurs, qui tous pendent tant de fiecles ont dignement maintenu le luftre de leur famille.

Enquoy la caufe du fieur demandeur feroit d'autant plus deplora-
ble que fi Dieu ne l'auoit point fauorifé de la prerogatiue du fexe, &
qu'il ne fuft n'ay que fille, quant bien toutes les raifons cy deffus
alleguées cefferoient, le fieur deffendeur ne pourroit pas luy denier
vne dot competente & proportionnee, & au luftre de fa maifon & à
la valeur des biens, puis que la loy du Teftament de Meffire Euftache de Leuy & de Dame Alix de Couzan y eft fi formelle & fi precife, & qu'en ce poinct elle eft conforme à la difpofition du droict.

Lequel obligeant les mafles à ce fecours enuers les filles, à bien
plus forte raifon impartit il fa faueur aux mefmes mafles, puis qu'ils

font feuls capables de conferuer & de perperuer les familles, qui eft
le but & la fin des fubftitutions qui y attachent les biens, comme ap-
puys abfolumēt neceffaires, *familiarum namque dignitas fine opibus ple-*
rumque vilefcit, fplendor ftatim marcfcit, decus & nomen labat, & tandem
omnino deficit, comme parle la loy.

Auec laquelle il faut conclure & dire que tant de rencontres fauo-
rables appuyent la caufe du fieur demandeur, que quant bien la feue-
rité du droiƈt & la rigueur de l'Ordonnance y refifteroient, que
non, la douceur & la force de l'equité s'y oppoferoient & deuroient
l'emporter, *licet enim fubtili iuris regula conueniret, fideicommiffi petitio-*
nem non conualefcere; attamen cum ex vtroque Teftamento fuperiore fcili-
cet & etiamnum poftremo filius vocetur, Ideo ad huiufmodi benigniorem
fententiam, humanitate & æquitate fuggerente decurrendum foret, pour
finir par les termes du Iurifconfulte, & efperer mefme Iugement de
l'equité de la Cour.

Monfieur BOVGVIER Rapporteur.

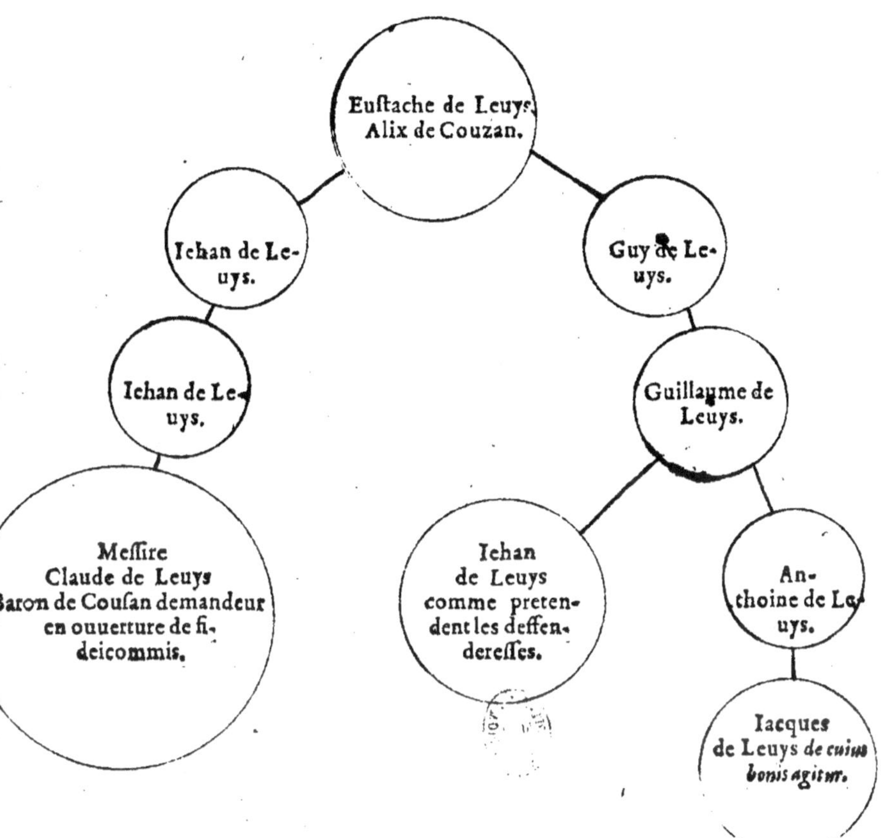
Euſtache de Leuys.
Alix de Couzan.
Ichan de Leuys.
Guy de Leuys.
Ichan de Leuys.
Guillaume de Leuys.
Meſſire
Claude de Leuys
Baron de Couſan demandeur
en ouuerture de fi-
deicommis.
Ichan
de Leuys
comme preten-
dent les deffen-
dereſſes.
An-
thoine de Leuys.
Iacques
de Leuys de cuius
bonis agitur.

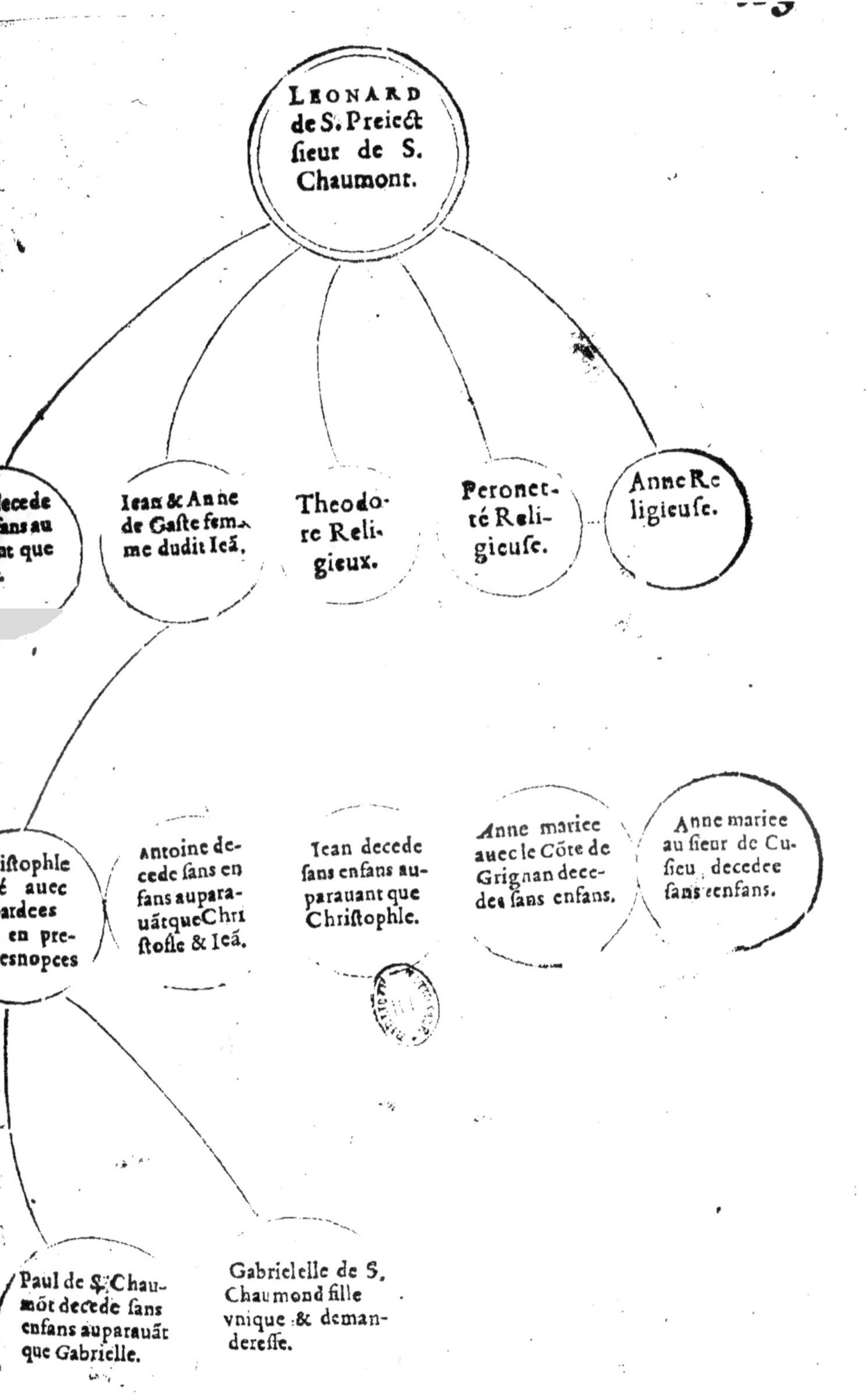

LEONARD de S. Preiect sieur de S. Chaumont.
decede sans au...t que ...
Iean & Anne de Gaste femme dudit Iea.
Theodore Religieux.
Peronetté Religieuse.
Anne Religieuse.
...riristophle ...é auec ...ardces ... en pre...esnopces
Antoine decede sans enfans auparauātque Christofle & Iea.
Iean decede sans enfans auparauant que Christophle.
Anne mariee auec le Côte de Grignan decedes sans enfans.
Anne mariee au sieur de Cusieu, decedee sans enfans.
Paul de S. Chaumôt decede sans enfans auparauāt que Gabrielle.
Gabrielelle de S. Chaumond fille vnique & demanderesse.